Y9

# Va de Cue

Spanish Picture Comp... ...for the
Caribbean

Reginald Charran
Bedoor Maharaj

 Longman Caribbean

Longman Caribbean Limited
Trinidad and Jamaica

Longman Group Limited
London

Associated companies, branches and representatives throughout the world

First published 1974
Reprinted 1976
ISBN 0 582 76616 8

Printed by Litografía A. Romero, S. A.
D. L. TF. 813 - 74

ii

# Contents

# Preface

*Va de Cuento* is a collection of stories each presented as a sequence of six line-drawings, derived from local and historical sources. These stories, which describe various aspects of our familiar Caribbean and Latin American culture, proceed from everyday life and embrace a wide variety of types and situations. All depict a clear narrative: factual or imaginary; serious or comic; descriptive or fast-moving. In this way, a wide range of stories is offered.

In general, the aims of the book are to help students develop:
   a. a technique and style in written composition in Spanish
   b. conversational ability through discussion of topics in Spanish

It is now widely recognized that this visual-lingual method is one of the best ways to learn a language. This is a very practical way, since it eliminates direct translation from English into Spanish and encourages free expression. The student is prompted to think in Spanish, and the question–answer method, in particular, facilitates the natural and ideal choice of words.

Here are thirty-three stories, in picture form, all of which are simple and depicted in such a manner as to arouse the students' interest and imagination. They are accompanied by questions in Spanish together with useful words and phrases to prompt the students' narrative and aid comprehension and expression.

*Cuentos* 1–11 use the Present and Present Perfect Tenses; *Cuentos* 12–27 use the Past Tenses with a more varied vocabulary; *Cuentos* 21–27 contain fewer questions, and *Cuentos* 28–33 none at all, in order to give the student more scope to use his imagination and to prepare him for Picture Compositions without questions as he will meet them in examinations.

This book will be of value to students studying for the C.S.E. and similar examinations, and to students of the 4th and 5th forms who are preparing for the London and Cambridge 'O' level examination. It will also be of use to students of Polytechnic Institutes and Government Departments which pursue courses in Spanish, and to students in the Extra-Mural Classes of Adult Education Programmes.

Most of these stories have been tested in the appropriate classes of Secondary Schools and Adult Education Programmes in the Caribbean, and as a result of the response and encouragement we have received, both from teachers and students, we decided to produce this carefully graded practice guide in the hope that its appeal and interest will serve as a further incentive in fostering the development of the Spanish language in the Caribbean.

Reginald Charran
Bedoor Maharaj

Port of Spain, March 1974

# Introduction

There are no set rules for using this book, but you may take the following procedure as a guide, especially at first. When you feel more confident and have developed a style of your own, you may be able to work more freely and fluently.

## Suggested Procedure

1. Read the title on the page of pictures, and then study the pictures, in sequence, until you can follow the story. Do not yet look at the questions or the vocabulary on the opposite page; they will be no help to you yet. Try to tell yourself the story, very briefly, in Spanish, with a sentence or two for each individual picture.

2. Write down rough notes: if you have sentences already clear in your mind, write them; in any case, you should be able to put down some words or phrases which you will need.

3. Now read the questions. They may help you at once by giving you names of people in the story, by making the story clearer, and by suggesting words which you did not know or which you had not thought of for yourself. But use your own words as much as you can. Do not translate the questions, or anything else, into English. Work and think in Spanish all the time.

4. Now work orally – in pairs, in groups, or as a class. The teacher will ask the questions from the book, and perhaps other questions, if you are working as a class; otherwise, pupils will put questions to one another. For most of the questions, a number of different answers will be possible; find as many answers as you can. Do not write anything at this stage. (If you are using this book for private study, on your own, you should ask and answer the questions aloud, so that you can hear the language before you write.)

5. After not more than five or ten minutes of oral work, write down the words, phrases, and sentences that you will need to tell the story so far. Put down more than you will need, rather than too little. Look at the *vocablos adicionales* and select items which will be useful.

6. Repeat Stages 4 and 5 until you have dealt with the whole story.

7. Now write the story in Spanish. Remember that the answers

to the questions will give you an outline of the story, especially in the earlier lessons; but try to add sentences of your own, and learn to depend less on the questions as you proceed through the book. The questions become fewer in the later lessons, and the last few stories are told with no questions at all. When writing the story, work as accurately as you can, but do not be afraid to introduce words and phrases of your own even if you are not sure that they are right.

## Note to the Teacher

There will probably not be time for every pupil in the class to read a completed story aloud, but some should do so, and the teacher and the other pupils should criticise. This should be done orally and ENTIRELY IN SPANISH. Time should then be given for pupils to ask questions and to amend their own work as far as possible.

It will of course be helpful if the teacher can collect, correct, and return every script; but a thorough discussion in class, with every pupil making some contribution, is more valuable. If the teacher collects a few scripts each time, he can observe particular difficulties and can watch the progress of the pupils.

## General Points

Here are some points which may help teacher and pupils.

Use the stories to practise tenses. If you are telling the story in the Past tense, use some conversation between the characters to practise the Present and the Future.

Introduce dialogue into the stories as much as possible for its own sake. It may make the story more lively, and it will help you to develop both a colloquial style and a formal written style.

Do not be content to write a complete narrative in simple sentences. Practise the use of connecting phrases such as *por eso, por lo tanto, hecho esto, sin más ni más.* Your aim must be to develop your style. Do not be afraid to use phrases or constructions which demand, for example, the Subjunctive; the more you practise such matters, the easier they become to use.

As you become more confident, introduce as much variety as you can. Use reported speech, newly learned constructions, new words and phrases. Learn to rely on your own store of Spanish rather than on the suggestions in the book.

## Example of Suggested Procedure

As an example, here is a possible development for Lesson One.

1. Have you studied the sequence of pictures several times? Do you understand the narrative? Now look again at the individual pictures.

2. Your rough notes might be something like this.

Picture 1: Hay dos muchachos. Andan a la playa. El sol brilla. En el mar hay un vapor. ¿Qué llevan los muchachos en la mano?

2: Uno de los dos nada en el mar. El otro está todavía en la playa. Su ropa está en el suelo.

3: El muchacho que está en el agua agita las manos. Tiene miedo. ¿Qué pasa con él? El otro grita a unos hombres. Los hombres vienen de prisa.

For these pictures you may also have collected some words which you have not used in the sentences: árboles, toallas, camisas, piedras, peligro, indicar; and perhaps some phrases such as: buen tiempo, hace calor, traje de baño, va a ahogarse.

Now try to do the same for the other three pictures.

3. Now let us see what the questions in the book will give us.

*¿Qué tiempo hace?* (¡Ah! ¡Ya lo sé!) Hace buen tiempo. Hace calor. El sol brilla.

*¿Cómo se llaman los niños?* (No lo sé. Ah, sí. Mira aquí: Pablo y Juan.) Se llaman Pablo y Juan. (¿Por qué *niños*? Yo he escrito *muchachos*.)

Dos muchachos, que se llaman Pablo y Juan, andan a la playa.

*¿Por qué se van a la playa?* Claro, para nadar.

(Bueno. Vamos a escribir todo eso en una frase.)

Así que hace mucho calor, los dos muchachos Pablo y Juan andan a la playa para nadar.

(¿Qué hay de más? Estudiemos los Vocablos Adicionales. *¿Arboles?* Me parece que se llaman *cocoteros. La arena dorada* – ¿qué es eso? ¡Ah!)

Los muchachos dejan su ropa en la arena y se ponen los trajes de baño.

Now, we have several sentences for the first two pictures. We have a number of words and phrases which we have not used yet. When we have dealt with the other pictures in the same way, we are ready for the next stage.

4. We have already studied the questions for the first three pictures, so we shall not have much difficulty in finding answers. To the first questions, we might reply:

Hace buen tiempo, pero hace mucho viento también.

or: El sol brilla, pero hace mucho viento.

But we now have the opportunity to hear other pupils' answers and to discuss them.

We already have plenty to offer in discussion. We have used *muchachos* instead of *niños*. Does the rest of the class agree? What does the teacher say? Good! We will continue to use *muchachos*; the others may use *niños* if they wish. At first, we wrote *árboles*, but *cocoteros* is probably better, so we will use it.

We listen to other pupils' ideas. Some of them have made a good sentence with *hacer mucho viento* and *las olas grandes*. We will try to remember it.

The teacher askes: *¿Cómo está vestido Pablo?* Someone answers: *Está vestido en su traje de baño.* Can we do better? Yes: *Lleva el traje de baño.*

5. After five or ten minutes, we have enough material to write an account of the first two pictures in six or seven good sentences. We have not even used all the words and phrases which we have collected, but we can remember them for another time.

6. We can now continue with the other pictures, and we shall soon be ready for the seventh stage, when we write our complete story.

# 1 A punto de ahogarse

1 ¿Qué tiempo hace?
¿Adónde van Pablo y Juan?
¿Por qué van a la playa?
¿Qué vestidos llevan los dos?

2 ¿Dónde está Pablo?
¿Cómo está vestido Pablo ahora?
¿Qué hace Juan?
Descríbase la playa.

3 ¿Qué pasa con Juan?
¿Por qué se halla en peligro?
¿Qué grita él?
¿Qué hace Pablo?

4 ¿Quién va a ayudar a Juan?
¿Cree Vd. que va a llegar a tiempo?
¿Qué hacen las otras personas?

5 ¿Está Juan a punto de ahogarse?
¿Qué hace el guardavidas valiente?
¿Están los dos cerca de la playa o lejos?
¿Quiénes van a ayudar al guardavidas?

6 ¿Dónde están todos ahora?
¿Cómo está Juan?
¿Qué le dice Pablo al guardavidas?
¿Por qué aplauden los bañadores?
¿Están todos alegres o tristes?

### Vocablos Adicionales

hacer buen tiempo
ir a bañarse
el agua calurosa
los cocoteros altos
la arena dorada
el traje de baño
saber nadar
en voz alta

– ¡Al socorro! –
correr de prisa
venir corriendo
sin poder hacer nada
sano y salvo
dar las gracias a
más tarde
divertirse muchísimo

# 2 El niño perezoso

1    ¿Qué hora es?
    ¿Quién está todavía en cama?
    ¿Por qué guarda cama el niño?
    Descríbase el dormitorio.

2    ¿Qué hora marca el reloj?
    ¿Qué hace el niño al ver la hora?
    ¿Cuánto tiempo ha dormido después de las ocho?
    ¿Qué se ve por la ventana?

3    ¿Dónde está el niño ahora?
    ¿Qué hace en el cuarto de baño?
    ¿Qué hace con la toalla, y con el cepillo de dientes?
    Descríbase el cuarto de baño.

4    ¿Cuántos minutos han pasado?
    ¿Qué come el niño?
    ¿Por qué come con tanta prisa?
    ¿Está la mamá furiosa?

5    ¿A dónde va el niño?
    ¿Por qué toma un taxi?
    ¿Qué lleva en la mano?
    ¿Está bien o mal vestido?

6    ¿A qué hora llega a la escuela?
    ¿Quiénes le miran, y cómo?
    ¿Qué le dice el profesor?
    ¿Es buena o mala cosa llegar tarde a la escuela?

## Vocablos Adicionales

| | |
|---|---|
| día de escuela | regañar al pobrecito |
| volver a dormir | perder el autobús |
| no querer despertarse | viajar por taxi |
| abrir los ojos grandes | precipitarse en |
| al mismo tiempo | el niño sofocado |
| al fin | reírse a carcajadas |
| peinarse | el profesor enojado |
| cepillarse los dientes | demasiado tarde |
| secarse con toalla | castigar |

# 3 Quien roba, sufre

1    ¿Qué tiempo hace?
      ¿Dónde se pasean los chicos?
      ¿Qué ven los dos?
      ¿Qué piensan hacer?

2    ¿Quién ha subido al árbol?
      ¿Qué arroja a su amigo?
      ¿Dónde está Pablo?
      ¿Qué hay cerca de Pablo?

3    ¿Quién se acerca desde lejos?
      ¿Qué tiene en la mano?
      ¿De qué está acompañado?
      ¿Qué hace el perro?
      ¿Les han visto los niños o no?

4    ¿Qué le ha pasado al dueño?
      ¿Quién le ha tirado el mango?
      ¿Está furioso o no el dueño?
      ¿Por qué huye el otro niño?

5    ¿Por qué le agarra a Juan el dueño?
      ¿Qué hace el niño?
      ¿Qué le dice el dueño al niño?
      ¿Qué le dice el niño al dueño?

6    ¿Qué le pasa a Juan?
      ¿Por qué le da una paliza el dueño?
      ¿Dónde está Pablo?
      ¿Por qué está riéndose a carcajadas Pablo?

## Vocablos Adicionales

| | |
|---|---|
| durante las vacaciones | al fondo |
| por la tarde | detrás de |
| dar un paseo | tener ganas de |
| sin más ni más | un montón de mangos |
| un día clarísimo | mirar miedoso |
| al poco rato | a lo lejos |
| a pie | dar en la cabeza |
| una huerta de mangos | – Suéltame la mano – |
| con mucha alegría | soltar carcajadas |

# 4 Un niño travieso

1 ¿Quién está en frente de la casita?
¿A dónde va?
¿Cómo está vestido?
¿Qué tiene en la mano?
Descríbase la casa.

2 ¿A quién habla el niño?
¿Qué le muestra el niño?
¿Qué va a hacer el papá?
¿Cómo está vestido el papá?
Descríbase el cuarto.

3 ¿Cuánto dinero le da el papá?
¿Qué le manda hacer al niño?
¿Cómo parece el niño, triste o feliz?

4 ¿Dónde está el niño ahora?
¿Qué busca aquí?
¿Cuánto vale el par de zapatos?
¿Tiene bastante dinero para comprarlos?

5 ¿Por qué ha venido aquí?
¿Qué compra al cajero?
¿Qué estrenan hoy?

6 ¿Por qué no ha comprado los zapatos el niño?
¿Qué le explica a su papá el niño?
¿Está satisfecho o no el papá?
¿Cómo castiga al niño?

## Vocablos Adicionales

un día caluroso
a los pocos minutos
entrar en casa
la camisa haraposa
los zapatos rotos
estar vestido de
poco amueblado

entregar a (dar a)
no poder menos de
mirar los escaparates
andar de tienda a tienda
sin comprar nada
volver a casa
dar una paliza

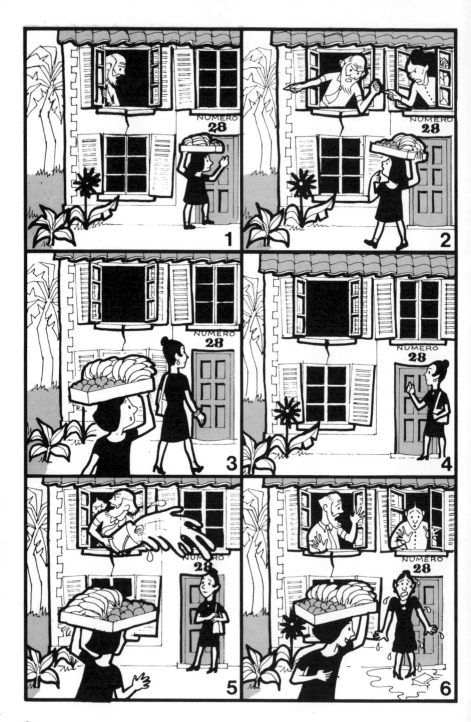

# 5 Un incidente divertido

1    ¿Quién llama a la puerta?
    ¿Qué número tiene la casa?
    ¿Quién se asoma a la ventana?

2    ¿Quiénes están arriba?
    ¿Qué le dicen a la niña?
    ¿Por qué hacen huir a la pobrecita?
    ¿Está la niña triste o contenta?

3    ¿Quién se acerca a la casa ahora?
    ¿Cómo está vestida la señorita?
    ¿A dónde se va la niñita?
    ¿Donde están los viejos ahora?

4    ¿Qué hace la señorita?
    ¿Por qué no contesta nadie todavía?
    ¿Sigue llamando a la puerta la señorita?
    Todavía, ¿por qué no contestan los viejos?

5    ¿Quién se asoma a la ventana?
    ¿Qué tiene en las manos el viejo?
    ¿Qué hay en el cubo?
    ¿Qué hace él con el cubo de agua?

6    ¿Qué sucede luego?
    ¿Qué grita la señorita?
    ¿Quién se ha equivocado?
    ¿Por qué ríe la niñita?

## Vocablos Adicionales

una casa de dos pisos
estar arriba
estar abajo
estar abierto
estar atónito
– ¡Lárgate de aquí! –
– ¡Qué lástima! –
en este momento

venir a visitar a
volver a llamar
estar adentro
coger por sorpresa
mojado hasta los huesos
echar gritos de enojo
estar avergonzado

# 6 Un niño inteligente

1  ¿Quiénes están en la cocina?
   ¿Qué le da la mamá al hijo?
   ¿Qué más le da para comprar las cosas?
   ¿Qué va a comprar el chico?

2  ¿Dónde se halla el chico?
   ¿Qué hay en el carro?
   ¿Qué se ve en el supermercado?

3  ¿Para dónde sale él?
   ¿Qué lleva en las manos?
   ¿Dónde está la bicicleta?·
   ¿Qué se le ocurre a él al ver la bicicleta?

4  ¿Dónde pone las bolsas?
   ¿A dónde va montado en la bicicleta?
   ¿Qué hay en la calle?

5  ¿De dónde vuelve con la bicicleta?
   ¿Por qué no tiene las bolsas?
   ¿Por qué echa miradas ansiosas?

6  ¿Quién sale del supermercado?
   ¿Se da cuenta el hombre de que alguien ha usado su bicicleta?
   Luego, ¿qué hace el hombre?
   ¿Cómo parece el chico?

## Vocablos Adicionales

la lista de cosas para comprar
día de mercado
después de comprar
cargado con las dos bolsas
la mano izquierda
la mano derecha
– ¿qué hacer? –
la base de bicicletas

tomar prestado
sin saber nada de lo ocurrido
macharse inocente
hacer un plan
cerca de
dentro de poco
sin más ni más
al volver al supermercado

# 7 El conductor desdichado

1   ¿En cuál país del Caribe sucede el cuento?
    ¿Cuántas personas hay en el coche?
    ¿Hacia dónde va toda la familia?
    ¿Qué hay a los lados del camino?

2   ¿Qué sucede aquí?
    ¿Va el camion lenta o rápidamente?
    ¿Qué hace el papá evitar un choque?
    ¿Qué resulta entonces?

3   ¿Qué trata de hacer la familia?
    ¿Tienen éxito en sacarlo de la zanja?
    ¿Qué pasa con las ruedas?
    ¿Cómo está su ropa?

4   ¿Por qué se va el papá?
    ¿Por qué están sentados los otros?
    ¿Hay mucho tráfico o no?

5   ¿A quién habla el papá?
    ¿Qué le explica al granjero el papá?
    ¿De qué modo puede ser útil el tractor?

6   ¿Qué ha logrado hacer el tractor?
    ¿Cómo están todos ahora?
    ¿Qué recompensa obtiene el granjero?
    Diga lo que hace la familia después.

## Vocablos Adicionales

ir a campo travieso
en pleno campo
– ¡Ay de mí ¡ –
desviarse bruscamente
quedar clavado en el barro
la rueda delantera
la rueda trasera

– haz el favor de ayudarme –
dar una recompensa
el granjero simpático
– hasta luego –
dar gracias a
continuar el viaje

# 8 Una tormenta tropical

1    ¿Dónde sucede esta historia?
     ¿Está nublado o despejado el cielo?
     ¿Qué pasa con los cocoteros?

2    ¿Hay muchos relámpagos o no?
     ¿Qué sonidos se oyen?
     ¿Por qué se refugian todos?

3    ¿Cómo llueve ahora?
     ¿Cómo sopla el viento?
     ¿Cómo están las calles?
     ¿Qué ha pasado con los alambres?

4    ¿Cómo se halla la casita?
     ¿Cómo se ha refugiado la familia?
     ¿Cómo será posible salvarles la vida?
     ¿Qué cosas flotan en el agua?

5    ¿Por qué ha venido un barco?
     ¿Quiénes están en el barco?
     ¿A quiénes salvan primero?

6    ¿Qué sucede al día siguiente?
     Así, ¿qué tiempo hace?
     ¿Qué mira la gente en la calle?
     Descríbase la calle.

## Vocablos Adicionales

hace ráfagas de viento
empezar a diluviar
iluminarse el cielo
en unos pocos segundos
el arco iris
de vez en cuando
llover a cántaros
oír el trueno
relampaguear

correr de acá para allá
hacerse más y más oscuro
la oscuridad total
las calles inundadas
mil gracias a Dios
calmarse la tormenta
por fortuna
mirar los escombros
– ¡Qué suceso extraordinario! –

# 9 Una merienda

1 ¿Qué tiempo hace?
¿Quiénes están en frente de la casa?
¿Qué llevan las niñas en las bicicletas, y adónde van?
¿Cómo se despiden de los padres?

2 ¿Dónde están las niñas?
¿Qué hay a los lados del camino?
¿Qué hay en el rancho?
¿Qué se ve en la distancia?

3 ¿Qué ocurre de repente con el neumático?
¿Qué pasa con la chica?
¿Y las de enfrente?

4 ¿Dónde están las niñas?
¿Quiénes reparan el neumático?
¿Qué hace la tercera niña?

5 ¿Dónde están las bicicletas?
¿Por qué está la ropa en la hierba?
Dígase lo que hacen las chicas.

6 ¿Se han divertido mucho las niñas?
¿Cuánto tiempo han pasado en el campo?
¿A dónde regresan?
¿Parecen tristes o felices?

## Vocablos Adicionales

las vacaciones de agosto
montar en bicicleta
agitar la mano
– ¡tengan cuidado¡ –
reventarse un neumático
echar un grito
al volverse
caer al suelo
un pinchazo

el traje de baño
zambullirse el agua
sentarse a la sombra de
a pesar de las dificultades
contentísimo de sí
la vuelta a casa
al atardecer
la puesta del sol

# 10 Al mercado con una mujer

1 ¿Quién toma el taxi?
  ¿Es vieja o joven la mujer?
  ¿Qué le dice al taxista?
  ¿Por qué viaja tan temprano?

2 ¿A dónde ha llegado la mujer?
  ¿Qué va a comprar?
  ¿A qué precio son los tomates?
  ¿Por qué riñe la mujer con el vendedor?

3 ¿Qué hay en el segundo puesto?
  ¿Son los precios bajos o altos?
  ¿Qué le dice ella al vendedor?

4 ¿Cuál puesto es éste?
  ¿A cuánto se venden los pollos y los huevos?
  ¿Por qué no compra nada?
  ¿Por qué están mirándole a ella otras personas?

5 ¿Está la mujer de buen o de mal humor?
  ¿Qué se vende aquí, y a cuánto?
  ¿Por qué está enfadado el carnicero?

6 ¿Por qué se va tan rápidamente, y adónde?
  ¿Cuánto dinero ha gastado?
  ¿Ha comprado algo?
  ¿Por qué está enojada la vieja?
  ¿Cómo se describe a tal mujer?


Vocablos Adicionales

muy de mañana
ir de compras
estar atestado
por consiguiente
no tener ganas de
en cuanto a eso

el frutero simpático
precios altos
el carnicero malhumorado
un sinnúmero de veces
encogerse de hombros
ser tacaño

# 11 Un hombre atrevido

1   ¿Qué está mirando el campesino?
    ¿Cómo está vestido el hombre?
    ¿De dónde ha venido?
    ¿Qué más se ve en el cuadro?

2   ¿Quiénes pasan cerca del campesino?
    ¿Cómo están vestidas?
    ¿Por qué le coge por la mano la niñera?
    ¿Qué tiene la niña en la mano?

3   ¿Por qué está corriendo la niña?
    ¿Dónde está la pelota?
    ¿Cómo están pasando los coches?
    ¿Qué hace la niñera? ¿Y el campesino?

4   ¿Quién corre a la ayuda de la niña?
    ¿Ha recogido la pelota la niña?
    ¿Qué hacen los conductores?
    Escriba algo más sobre el cuadro.

5   ¿Qué ha hecho el campesino?
    ¿Cómo parece la niñera?
    ¿Qué le dice la niñera al hombre?
    ¿Por qué le admiran al hombre los demás?

6   ¿Qué fin tiene el cuento?

## Vocablos Adicionales

| | |
|---|---|
| un día caluroso de mayo | dicho y hecho |
| de repente | correr en pos de |
| a la largo de | gritar alarmado |
| en medio de la calle | frenar en seco |
| a su riesgo | con manos apretadas |
| ir trás de | estar muy agradecido |
| atravesar corriendo | de nada |
| sin tardar | comer como un tragón |

# 12 Un incendio

1   ¿Por qué vino corriendo el chico?
    ¿Qué gritó por la calle?
    ¿Qué hizo la gente?
    ¿Qué se veía a lo lejos?

2   ¿Qué tipo de casa estaba ardiendo?
    ¿Qué hicieron las gentes para apagar el fuego?
    ¿Quién estaba gritando arriba, y por qué?

3   ¿Qué vino en ese momento?
    ¿Qué empezaron a hacer los bomberos?
    Descríbanse a los bomberos.

4   ¿Cómo se condujeron los bomberos?
    ¿Qué hizo el bombero valiente?
    ¿Qué hacía la mujer?

5   ¿Estaba la vieja muerta o desmayada?
    ¿Por qué le puso el bombero sobre los hombros?
    ¿Qué hicieron los otros bomberos abajo?

6   Continúese el cuento.


Vocablos Adicionales

una casa de dos pisos
correr las noticias
de boca en boca
situado en
las señales de alarma de incendio
al instante
la casa incendiada
al contemplar los escombros,
    la familia . . .

un espectáculo aterrador
después de media hora de espera
al llegar el coche de bomberos, . . .
sin perder tiempo
arriesgar la vida
sano y salvo
los hombres, fatigados
    de trabajar, . . .

# 13 Mi trabajo de guía turístico

1 ¿A dónde fui el domingo pasado, y por qué?
¿Qué se veía en el muelle?
¿Quiénes venían desembarcándose?
¿Cómo iban vestidos los turistas?
¿A qué país pensaban visitar?

2 ¿Cuántos pasajeros fueron conmigo?
¿Qué visitamos primero en Puerto España?
Descríbase todo lo que vimos allí.

3 ¿A dónde fuimos luego?
¿Qué cosas interesantes vieron los turistas en las tiendas?
¿Qué hicieron los hombres mientras miraban los escaparates las mujeres?
Descríbase la calle.

4 ¿Qué visitamos después?
Descríbase la plaza.
¿Por qué se sentaron los turistas en los bancos?
Entretanto, ¿qué hacía cerca el grupo de gente?

5 ¿A dónde les llevé después?
¿Qué vieron en el museo?
¿Qué otras cosas había en el museo?

6 Al fin del día, ¿adónde les tomé a los turistas?
Al llegar al hotel, ¿qué hicimos primero?
Imagínese la conversación entre los turistas y yo.

## Vocablos Adicionales

una mañana hermosa de junio
durante los meses calurosos
al desembarcarse, los turistas . . .
oír hablar de
después de dejar el puerto, los turistas . . .
caminando en coche, los visitantes . . .
el primer lugar de interés

al ver la plaza hermosa
sacar fotos
discutir la política
luego, los turistas . . .
las Bellas Artes
cosas folklóricas
divertirse muchísimo

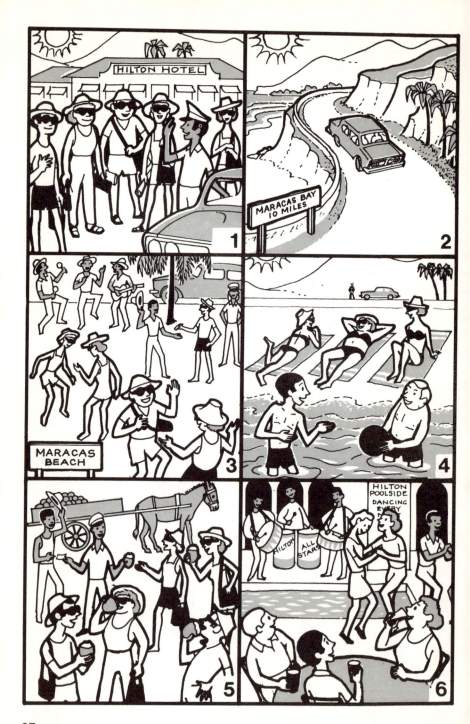

# 14 Otro día agradable con los turistas (continuación)

1    ¿Por qué fui al Hotel Hilton a la mañana siguiente?
¿Cómo iban vestidos los turistas, y por qué?
¿Qué tiempo hacía aquel día?
Imagínese la conversación entre nosotros.

2    ¿A cuál playa del norte íbamos?
¿Qué les dije a los turistas sobre la playa de Maracas?
Descríbase el paisaje.

3    ¿A qué hora llegamos a la playa?
Al llegar a la playa, ¿quiénes nos agasajaron?
¿Qué hicieron los cantantes para entretenernos?
¿Qué hicieron los turistas al oir el ritmo del calypso?

4    Luego, ¿cómo se entretuvieron los turistas?
¿Qué hacía yo entretanto?
Descríbase la playa.

5    ¿Qué bebieron para apagar la sed?
¿Fue la primera vez o no que probaron cocos? ¿Les gustaron?
¿Cuánto pagué por los cocos?

6    ¿A qué hora volvieron al hotel?
¿Cómo se divirtieron por la noche?
¿Qué clase de música había en el hotel?
¿Qué les parecía su visita a Trinidad?

## Vocablos Adicionales

una mañana asoleada
poco después de la salida del sol
pasar todo el día
los trajes de sport
a ambos lados
el camino sinuoso
estacionar el coche
la brisa refrescante

dar serenatas
vislumbrar a lo lejos
tostarse al sol
tomar un ron con coca cola
contento de sí mismo
cuando llegó la hora de salir, . . .
a la caída de la noche
la música del steel band

# 15 El descubrimiento de las Antillas

1   ¿Dónde sucedió esta historia, y cuándo?
    ¿Por qué vino Colón al palacio, y qué hizo allí?
    ¿Dónde estaba sentada la reina española? ¿Quién era?
    ¿Qué le prometió Colón a la reina, y qué le dio la reina?

2   ¿Cómo se llamaban las carabelas?
    ¿Dónde se embarcaron?
    ¿Qué clase de gente tripulaba las carabelas?
    ¿Qué hizo el cura?

3   Después de navegar varias semanas, ¿qué sucedió?
    ¿Por qué se rebelaron los marineros?
    ¿Qué dijeron a Colón?
    ¿Qué les rogó Colón a los marineros?

4   ¿Qué ocurrió a fines de los tres días?
    ¿Qué significaban esas cosas?
    ¿Qué pasó después?

5   ¿A qué parte del día espiaron la tierra?
    ¿Qué gritó el marinero desde la torre de vigía?
    ¿En qué dirección señaló?
    ¿Qué efecto les produjo eso a los marineros?

6   ¿Qué hizo Colón después de desembarcarse?
    ¿Qué tenía en la mano?
    ¿Dónde estaban los marineros?
    ¿Quiénes les miraron desde lejos?
    ¿Qué isla había descubierto Colón?

## Vocablos Adicionales

| | |
|---|---|
| por los años de | estar asustado |
| a fines del siglo quince | mirar con anticipación |
| estar de rodillas | largo tiempo |
| rodeado de cortesanos | en lo alto del mástil |
| hacerse a la vela | vislumbrar la tierra |
| en pleno mar | señalar al oeste con el dedo |
| viajando día tras día, sin cesar . . . | dar besos a |
| rehusar a obedecer las órdenes | a orillas del mar |

# 16 Lo que vimos en Guayana

1   ¿Cómo viajamos esa mañana, y por dónde?
     ¿Qué había por los lados de la carretera?
     ¿Qué hacían los campesinos?
     ¿Para qué servía el tractor?

2   ¿A dónde fuimos luego?
     ¿Qué había cerca de la fábrica?
     ¿Qué hacían las carretas de bueyes?
     ¿Cómo trabajaban los obreros?

3   ¿Qué hicimos después de dejar la fábrica?
     ¿Qué llevamos con nosotros al río?
     Descríbase la actividad en el cuadro.

4   ¿Por qué visitamos esa aldea amerindia?
     ¿De qué materiales estaban construídas las chozas?
     ¿Qué recuerdos compramos?
     ¿Qué se veía al fondo?

5   ¿En qué viajamos después, y por dónde?
     ¿Qué se veía desde arriba?
     Escríbanse dos frases sobre las cascadas Kaiteur.

6   ¿Cuál fue la última parada de nuestra visita?
     ¿Qué vimos en la mina de bauxita?
     ¿Cómo estaban vestidos los hombres?
     Y por fin, ¿cómo volvimos a Jamaica?

## Vocablos Adicionales

a lo largo de
trabajar sin descanso
una finca azucarera
los canales de riego
cortar con machete
a lo lejos, se podía divisar . . .
a la vuelta de
al cabo de media hora

quedarse asombrado de
ponerse en camino hacia
una atracción turística
despedirse de
no llevarse chasco
quedarse muy agradecido

# 17 Al pantano en lancha

1   ¿Por qué vinieron los turistas al río?
    ¿Cómo iban vestidos?
    ¿Quién era el guía y qué les dijo a los turistas?
    ¿Qué decía el cartel?

2   ¿Cuántos botes fueron al pantano?
    ¿Qué había en la ribera?
    ¿Qué más se veía en el cuadro?
    ¿Qué describía el guía?

3   ¿A qué parte del río han llegado?
    ¿Qué se veía más allá del túnel de árboles?
    ¿Cómo parecían los turistas al ver la belleza del pantano?

4   ¿Por qué estaban amarrados los botes a los palos?
    ¿Qué aguardaban?
    ¿A qué hora vinieron los pájaros?
    ¿Cómo se llaman los pájaros?

5   ¿En dónde se posaron los flamencos?
    ¿Qué hacían los turistas entretanto?
    ¿Qué les decía el guía?

6   ¿Cuántas horas pasaron en el pantano?
    ¿Cómo pensaban volver al hotel?
    Escríbase la conversación entre el guía y los turistas.

## Vocablos Adicionales

se alquilan botes
a orillas del río
pasearse en barco
ir río abajo
el follaje verde
los mangles verdes
arrancar el motor
el flamingo (el ibis)
el sanctuario de pájaros

amarrar los botes
echar ancla
divisar a lo lejos
la puesta del sol
la hora de regresar
sacar fotos
los pájaros tropicales
la garza real
la garceta

# 18 Una visita al parque zoológico

1    ¿Qué plan hicieron un día los estudiantes?
¿Por qué hicieron cola al despacho de boletos?
¿Cuánto pagaron por la entrada?
¿Quién les acompañó al parque zoológico?

2    ¿Cuál fue la primera parada de su visita?
¿Qué hicieron los niños traviesos?
¿Qué les dijo la profesora?
¿Qué hacían las ardillas?
¿Qué decía el cartel?

3    ¿Qué visitaron luego?
¿Cómo separaron a los animales del público?, ¿y por qué?
¿Qué les daban de comer a las bestias?
¿Qué le dio susto a la vieja profesora?

4    ¿Qué vieron luego?
¿Qué pajaros se veían en la jaula?
¿Qué iba a hacer el niño con el tirador?
¿Qué efecto produjo esto sobre la profesora?

5    ¿Cuál jaula fue la próxima?
¿Qué hacían los niños con los monos?
¿Qué hizo la profesora al ver esto?
¿Qué pasó con ella?

6    ¿A qué hora volvieron a casa?
¿Quiénes estaban contentos, y quién furiosa?
Escríbase el fin del cuento.

## Vocablos Adicionales

hacer cola
carne cruda
el conejo bonito
la ardilla mansa
las garras del león
el guacamayo vistoso
el mono juguetón
tirar cacahuetes
estar para saltar
echar chispas por los ojos

la barricada de hierro
– ¡no moleste a los pájaros! –
charlar con el loro
– ¡Qué ojos bonitos! –
balancearse con la cola
balancearse con el rabo
estar exasperado
estar contento
el mirlo
la profesora malhumorada
brincar mucho
tirar los cabellos

# 19 Una excursión a Barbados

1 ¿Dónde está el grupo, y por qué?
¿Qué planes hicieron los estudiantes durante las vacaciones de las Pascuas?
¿Qué enseñó el profesor al grupo de estudiantes?
¿Qué hacía la profesora?

2 ¿Qué barco tomaron para el viaje?
¿Qué llevaban en las manos los viajeros?
Descríbase el bullicio del muelle.

3 ¿En qué parte del barco estaban los viajeros?
¿Cómo pasaron la noche?
¿Quién se mareó y quién le ayudó a él?

4 ¿Cómo era la noche?
¿Qué hicieron los estudiantes más tarde?
¿De qué manera iba el barco?
¿Cómo se veía el mar?

5 ¿Cuánto tiempo pasaron en el barco?
¿A dónde llegó el barco?
Después de desembarcarse, ¿qué hicieron los visitantes?

6 ¿Cómo iba el autobús, despacio o con toda velocidad?
¿Por dónde iba el autobús?
¿Qué vieron los niños des de autobús?
¿Qué hacía el policía en medio de la calle?

## Vocablos Adicionales

ir de excursión
cobrar dinero
entre la animación
divertirse mucho
después de embarcarse, los viajeros . . .
durante el viaje en barco
un barco de dos puentes
estar mareado
una noche estrellada
jugar a las cartas

las horas muertas
después de un viaje de diez horas
al día siguiente
atestado de gente
subir al autobús
asomarse a las ventanillas
un cruce de caminos
reduzca la velocidad
dirigir la circulación
la gente amistosa

# 20 De vacaciones en Barbados (continuación)

1  ¿A dónde llegaron los visitantes?
   ¿Por qué fueron a ese colegio?
   Después de llegar, ¿qué empezaron a hacer?
   ¿Qué vieron por sus alrededores?

2  ¿A dónde fueron al mediodía?
   ¿Qué comieron?
   Descríbase al chef.

3  ¿A cuál playa fueron luego?
   ¿Cómo se divirtieron allí?
   ¿Qué tiempo hacía?
   Escríbase algo más sobre este cuadro.

4  ¿Qué aldea fueron después de bañarse?
   ¿Qué clase de aldea era ésa?
   ¿Cómo pasaron el día los niños?
   ¿Dónde se veían los pescadores?

5  ¿Qué lugar visitaron luego los estudiantes?
   Descríbase el castillo.
   ¿Qué les dijo el guardia?
   ¿Por qué es tan famoso este castillo?

6  ¿Cuántos días pasaron de vacaciones en Barbados?
   ¿Cómo regresaron a su país?
   ¿Qué les gritaron los estudiantes a sus amigos barbadienses?
   ¿Qué respondieron éstos?

## Vocablos Adicionales

| | |
|---|---|
| apearse del autobús | dar una vuelta en lancha |
| bajarse con afán | peces tropicales |
| llegados a la escuela, los alumnos . . . | un billete de ida y vuelta |
| el recinto de la escuela | de vuelta a la escuela |
| el patio quadrangular | al fin y al cabo |
| a mediodía | a bordo |
| zambullirse al agua | agitar pañuelos |
| el arrecife de coral | el tubo snorkel |
| la leyenda de Sam Lord | |

# 21 Una fiesta de profesores

1 ¿Quiénes se reunieron en el restaurante?
¿Quién les recibió a la entrada?
¿Cómo iban vestidos los convidados?
¿Qué hacían los camareros?

2 ¿Dónde estaban sentados todos?
¿Qué hizo el director del colegio?
¿Qué diría él a los convidados?

3 ¿Qué tomaron los profesores?
¿Qué hacían los camareros?
¿A quién echaron el brindis?

4 ¿Qué había para comer?
¿Qué había para beber?
Imagínese de lo qué hablaron los profesores.

5 ¿A dónde fueron después?
¿Quién tocaba la música?
¿A dónde fue una pareja?

6 ¿A qué hora se terminó la fiesta?
¿Quiénes se despidieron del director?
¿Qué dijo el cajero al profesor?

## Vocablos Adicionales

presentar al director
una copita de ron
a su vez
dar la bienvenida
prestar atención a
preparar las copitas
echar un brindis
poner la mesa
estar de pie
cenar a la luz de velas
sopa de pollo

pollo frito
biftec bien hecho
un trago de whisky con soda
al salón de baile
sentarse al bar
bailar con ritmo
muy de noche
pagar la cuenta
la hora de salir
una noche inolvidable

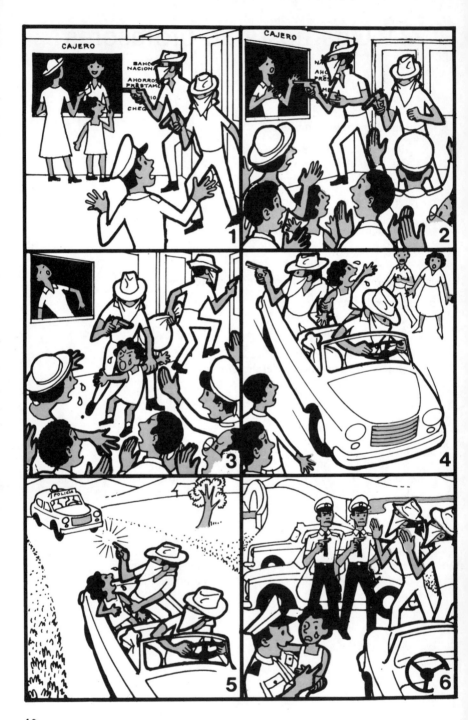

43

# 22 El robo atrevido del banco

1  ¿Por qué entraron en el banco los robadores?
   ¿Cómo iban vestidos?
   ¿Qué mandaron hacer los bandidos al guardia?

2  A la cajera, ¿qué le mandó entregar el bandido?
   ¿Cómo amenazaron a los clientes?
   ¿Dónde se agruparon todos los clientes?

3  ¿Qué sucedió después de tomar ellos el dinero?
   ¿Qué hacían los clientes?
   Al entregar el dinero, ¿qué pasó con la cajera?

4  ¿Cómo se escaparon los bandidos?
   ¿Cómo reaccionaba la gente de la calle?

5  ¿Quién persiguió a los robadores?
   ¿Qué hicieron los bandidos?
   ¿Por qué no disparó la policía por su parte?

6  Complétese la historia.


## Vocablos Adicionales

| | |
|---|---|
| desmayarse de susto | – ¡Arriba las manos! – |
| estar muerto de temor | los dos en fuga |
| dar un chillido | la pistola a la cabeza |
| evitar pegar a la niña | agarrar a la pobrecita |
| sin oponer resistencia | escaparse en coche |
| una barricada de policías | huir a toda velocidad |
| con motivo de | en un dos por tres |
| el guardia de banco | la alarma de policía |
| la cajera ocupada | disparar furiosamente |
| ir disfrazado | cerca del puente |
| los clientes asombrados | la niña aterrada |
| la cajera asustada | llevar a la cárcel |
| el guardia impotente | – ¡No llores! – |

45

# 23 El circo en el Caribe

1    ¿Qué mostró el papá a la familia?
     ¿Qué circo era?
     Imagínese la conversación de la familia.

2    ¿Adónde fueron al otro día?
     ¿Por qué hicieron cola?
     ¿Cuánto pagaron por los boletos?

3    ¿Quién anunció el Circo Romano?
     ¿Quiénes eran los artistas?
     ¿Qué efecto tuvo la presentación sobre los espectadores?

4    ¿Cuál fue el primer acto?
     ¿Por qué tenían abajo la red de seguridad?
     ¿Cómo dejaron a los espectadores estos actos atrevidos?

5    ¿Cuál fue la próxima presentacíon?
     ¿Qué tuvo que hacer el tigre?
     ¿Qué hacía el domador?

6    ¿Quiénes se presentaron en escena después?
     Descríbase lo que hacían los bufones.
     Hasta aquí, ¿cómo se divirtió la familia?

## Vocablos Adicionales

| | |
|---|---|
| estar pasmado | los acróbatas valientes |
| leer el periódico | los hechos atrevidos |
| la sala de estar | balancearse sin miedo |
| tener ganas de | el tigre feroz |
| el domingo por la tarde | el domador con el látigo |
| mucha gente | saltar por el aro |
| bien vestido | el enano bufón |
| presentar los artistas al público | el gracioso amable |
| dar un toque de trompetas | actos interesantes |
| dar la bienvenida | divertirse mucho |
| con gran aplauso | hacer tonterías |
| el gran riesgo | reírse a carcajadas |

# 24 Al circo otra vez (continuación)

1. ¿Qué vio la familia en este acto?
   Descríbase el oso.
   ¿Cómo parecía la familia al ver este acto?

2. ¿Cómo salió el oso?
   ¿Quién tuvo después el centro de atracción?
   ¿Qué hizo este hombre?

3. ¿Cuál fue la nueva presentación?
   ¿Qué hicieron los elefantes?
   ¿Quién era, y qué hizo, el hombre de atrás?

4. Descríbase todo lo que sucedió en este acto.
   ¿Cómo logró equilibrarse el acróbata?

5. ¿Cuál fue el último acto?
   ¿Por qué estaba el hombre en medio de la arena?
   ¿Qué hacía la mujer sobre el caballo?

6. ¿Cómo terminó el Circo Romano?
   ¿Cómo se divirtió la familia?

Vocablos Adicionales

un malabarista
hacer juegos malabares
una noche inolvidable
en primera fila
las patas traseras
bailar en un pie
jugar con la pelota
montar en bicicleta
sin apoyo
subir la escalera de mano
adornados de guarniciones
las patas traseras
asir por la trompa

las manos tendidas
la red de seguridad
con auxilio de
dejar sin hablar
echar a galopar
saltar de caballo a caballo
la artista fascinadora
el acto final
tocar la trompeta
la gente bien satisfecha
en torno a

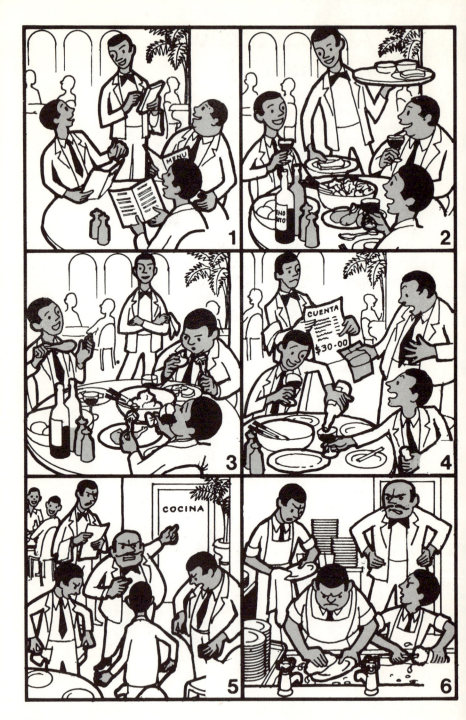

# 25 Los engañadores engañados

1   ¿Por qué fueron los jóvenes al restaurante?
    Pónganse nombres a los jóvenes.
    Imagínese lo que pidieron al camarero.

2   ¿Qué trajo el camarero?
    ¿Qué tomaron antes de comer?

3   ¿Quién comió como un tragón?
    ¿Qué hicieron los demás?

4   ¿Cuánto dinero tenían que pagar?
    ¿Qué hizo el gordo?

5   ¿Qué les dijo el dueño a los tres?
    ¿Estaban felices o avergonzados los amigos?

6   ¿Cómo pagaron su error?
    Imagínese lo que gruñió el gerente.

## Vocablos Adicionales

fregar la vajilla
ponerse de pie
estar enfadado
asombrarse mucho
traer la cuenta
el billetero sin dinero
poner la mesa
después de poco rato
echar un brindis
servir la comida
sentarse a la mesa
tener hambre de lobo

pedir la comida
beber mucho
hacer ademanes
comérselo todo
tomar refrescos
papas y ensalada
– A la orden, señores –
servir a la mesa
– ¡Qué aproveche! – (¡Buen
  provecho!)
llevar un overol

# 26 El fugitivo

1  ¿Qué hora sería?
   ¿Qué quería hacer el motociclista?
   ¿Por qué no podía viajar más?

2  ¿Qué hicieron los viejos para acomodar al viajero?
   ¿En qué consistía la comida?

3  Imagínese le conversación entre los tres.

4  ¿Qué leyó en el diario el viejo?
   ¿A quién reconoció en la página?

5  ¿Qué dijo a la policía la mujer?
    Entretanto, ¿qué hacía el viejo?
   ¿Cómo se hizo todo, en silencio o con ruido?

6  ¿Qué fin tuvo el cuento?


## Vocablos Adicionales

un neumático reventado
a la luz del farol
invitar a pasar la noche
ayudar al viajero
servir la comida
hospedar al viajero por la noche
la vieja simpática
después de comer
ir arriba
subir la escalera
una casa de dos pisos
estar a sus anchas

fumar en pipa
el prisionero fugitivo
atraer la atención
el cuarto de recibir
avisar a la policía
dormir profundamente
llamar por teléfono
atar con cuerda
dentro de poco
muy malhumorado
recibir un premio
prendido por la policía

# 27 Algunas delicias de la vida venezolana

1   ¿A qué país fui de visita?
    ¿Cuál fue la primera cosa que visité?
    ¿A quién está dedicada la plaza?
    ¿Qué ha hecho Bolívar para los países latinoamericanos?
    ¿En qué año se ganó la Independencia?

2   ¿Cómo viajé al otro lugar de interés?
    Descríbase el panorama desde arriba.

3   ¿Qué tiempo hacía en lo alto de la sierra?
    ¿Qué hacía la gente para divertirse?

4   ¿A qué juego asistí después?
    Durante la riña de gallos, ¿qué hacía la gente?

5   Descríbase la corrida de toros.

6   ¿Cómo le parece a Vd. la corrida, deporte o barbaridad?


Vocablos Adicionales

ropa de seda
aclamar a
lleno de emoción
beber el vino en bota
echar al aire el sombrero panamá
en la plaza de toros
el torero valiente
la destreza del torero
la buena casta del toro
correr derecho a
aguijar a los gallos
la costumbre de apostar
el espolón del gallo

el reñidero de gallos (la gallera)
erizarse las plumas
patinar sobre el hielo
llevar poncho vistoso
alquilar los patines en la tienda
para turistas
subir por teleférico
– ¡qué vista más romántica! –
subir más y más
pasearse por la plaza
las fuentes con luces coloradas
la estatua de Bolívar
al fondo, los rascacielos

# 28 El ladrón dormilón

# 29 Un accidente en Grenada

# 30 Los años de la esclavitud en el Caribe

# 31 Quien más corre,
## menos vuela

# 32 Naufragado en un islote

# 33 En un bar dominicano